BIBLIOTHÈQUE
DES ÉCOLES ET DES FAMILLES

PHILIPPE DE GIRARD

PAR

Mme GUSTAVE DEMOULIN

LIVRE DE LECTURE A L'USAGE DES ÉCOLES
ET DE LA CLASSE PRÉPARATOIRE
des lycées et collèges

PARIS
LIBRAIRIE HACHETTE ET Cie
boulevard Saint-Germain, 79

à Monsieur Le Jeune
offert par la Bonne
de Pages, nièce
de Philippe de Girard

BIBLIOTHÈQUE
DES ÉCOLES ET DES FAMILLES

PHILIPPE DE GIRARD

PAR

Mme GUSTAVE DEMOULIN

PARIS
LIBRAIRIE HACHETTE ET Cie
79, Boulevard Saint-Germain, 79
1884

Droits de propriété et de traduction réservés

PHILIPPE DE GIRARD.
(d'après Henry Scheffer).

PHILIPPE DE GIRARD

Le 9 mai 1853, le Corps législatif votait, à l'unanimité, à titre de récompense nationale, une pension aux héritiers de Philippe de Girard, mort huit ans auparavant.

Le 7 mai 1882, la ville d'Avignon inaugurait, en grande pompe, la statue de Philippe de Girard.

Précédemment Amiens, Lille, Paris, avaient rendu hommage à Philippe de Girard en donnant son nom à des rues, à des places, en érigeant son buste; ou en inscrivant son nom au fronton d'un édifice public.

A qui donc s'adressaient ces honneurs tardifs?

Au plus fécond de nos inventeurs; au

Français illustre qui a si largement contribué à la richesse de la France; à l'homme de génie qui, dans le cours de sa longue vie laborieuse, n'avait rencontré, en récompense du plus noble dévouement, que l'injustice, l'ingratitude et la trahison; à celui dont la ruine avait enrichi des nations.

Philippe de Girard, né en 1775, à Lourmarin, dans le département de Vaucluse, appartenait à une famille noble, protestante, qui avait été longtemps victime des persécutions religieuses. Son père, Henri de Girard, qui eut encore à souffrir de la rigueur des mesures prises contre les réformés, n'en éleva pas moins ses quatre fils dans la religion de ses ancêtres; il leur donna une éducation austère et virile, une solide instruction scientifique et littéraire.

Philippe de Girard avait les aptitudes les plus diverses. Comme Léonard de Vinci, comme les artistes, comme les savants de la Renaissance, qui, pour cultiver avec plus de fruit leur esprit riche et fertile, le soumettaient à un grand assolement intellectuel, il étudiait la sculpture, la peinture, et se livrait même à la poésie. Il y réussissait assez bien, pour que le célèbre abbé Raynal, qui était un des familiers de la maison des Girard, pronostiquât pour le jeune Philippe la gloire d'un grand poète.

Ce n'étaient pourtant pas les lettres qui devaient accaparer cette haute intelligence. Les sciences positives, la physique, la chimie, la botanique le captivaient surtout; et, pour répondre à ces tendances, son père crut devoir le destiner à la médecine. Il l'envoya à la faculté de Montpellier.

Une circonstance douloureuse, la mort de Mme de Girard, interrompit la carrière de l'étudiant. Sa tendresse filiale lui fit prendre en dégoût une science qui n'avait pu guérir sa mère.

Henri de Girard, — ainsi qu'une grande partie de la noblesse du temps, — avait salué avec bonheur les premières réformes politiques. Mais quand, après le 10 août, la Révolution s'attaqua aux principes qu'il avait toujours considérés comme essentiels et sacrés, il se réfugia en Suisse, avec son plus jeune fils, tandis que les trois autres, Joseph, Frédéric et Philippe, **prenaient** part à l'insurrection fédéraliste vaincue à Toulon. Pendant le bombardement de cette ville, les trois frères réussirent à se réfugier sur un navire espagnol, qui les débarqua à Port-Mahon dans le plus complet dénuement.

Avec du talent, du savoir, de l'énergie, se trouve-t-on jamais sans ressources? Philippe subvint aux besoins les plus pressants en tirant parti de ses **études** artistiques. Il fit des paysages, des portraits, qui rapportèrent quelque argent.

De Port-Mahon, les jeunes gens se rendirent à Livourne, où leurs connaissances en chimie leur permirent d'établir, à l'instigation de Philippe, une fabrique de **savon**, dans laquelle intervint l'action de la vapeur, dont l'industrie française et italienne ne tirait pas encore parti.

C'est à dater de ce moment que Philippe, à peine âgé de dix-huit ans, se consacra aux découvertes et aux entreprises industrielles.

Rentré en France, ainsi que les autres membres de sa famille, après le 9 Thermidor, il installa une fabrique de produits chimiques dans une ancienne abbaye de Marseille. Menacé de nouveau par les évènements politiques, il dut quitter Marseille et se réfugia à Nice. Là encore, son instruction le servit à souhait.

Dans un concours pour l'obtention de la chaire de chimie et d'histoire naturelles il se montra tellement supérieur aux autres concurrents, qu'il fut nommé titulaire, bien qu'il n'eût pas encore vingt ans et qu'il fût considéré comme émigré.

Le 18 Brumaire mit fin à l'exil de la famille de Girard qui retrouva la plus grande partie de ses biens. Philippe vint habiter

Paris pour continuer ses études et ses recherches, auxquelles s'associa son frère Frédéric.

Ce qui frappe le plus d'admiration dans l'œuvre de Philippe de Girard, c'est la diversité de ses travaux. Son génie, vraiment universel, s'est appliqué à tous les ordres d'idées, à tous les genres d'industrie, aux choses les plus dissemblables. Il lui suffisait de reconnaître un défaut dans telle machine, une imperfection dans tel travail, pour qu'il trouvât aussitôt le remède ou l'amélioration. « Il n'avait, dit Arago, qu'à regarder pour inventer. »

Le génie inventif de Philippe se révéla de bonne heure. Tout enfant, il construisait de petites *roues hydrauliques* que faisait tourner le ruisselet de son jardin.

A quatorze ans, contemplant du rivage la turbulence des eaux de la mer, il conçoit l'idée d'utiliser cette force perdue, de contraindre ce tumulte désordonné à travailler au profit de l'homme et il invente sa fameuse *turbine*, qu'il a depuis expérimentée à Nice. Ce n'est plus là un enfantillage, un instinct précurseur d'une haute intelligence, c'est la manifestation d'un génie précoce. La turbine, inventée par cet enfant, est décrite dans un brevet pris en 1799 et l'on peut encore en voir les plans originaux au Conservatoire des Arts et Métiers de Paris.

A dix-huit ans, Philippe, se trouvant en Italie, est témoin des difficultés que présente la taille des camées : il invente une *machine à tailler les pierres dures*. Il voit des artistes s'essayant péniblement à la réduction d'œuvres d'art, et il imagine une *machine à réduire les statues*.

Il se préoccupe de tout; aussi bien des ustensiles de ménage que des machines de la grande industrie. Il s'intéresse autant au bien-être de la famille qu'à la prospérité des nations.

Malgré les perfectionnements apportés à la fin du siècle dernier et au commencement de celui-ci dans la construction des lampes et des quinquets, nos appareils d'éclairage étaient encore bien défectueux. Le réservoir, placé tantôt au-dessus de la mèche, tantôt à la même hauteur, faisait ombre et empêchait la lumière de se répandre dans tous les sens. Carcel avait bien trouvé moyen de placer le réservoir en dessous, mais ses lampes, très coûteuses, n'étaient pas à la portée de toutes les bourses. Philippe se propose d'atteindre le même but d'une façon plus économique. Il imagine d'élever l'huile d'un réservoir jusqu'à la mèche, sans rouages, sans mécanisme, en appliquant aussi simplement qu'ingénieusement le principe de la fontaine de Héron, et il construit sa *lampe hydrostatique*.

Pour Philippe, ce n'est pas assez que les lampes donnent plus de lumière à meilleur marché, il faut encore qu'elles ne blessent point la vue, qu'elles n'occasionnent pas d'ophtalmies. Il a bientôt inventé les *globes en verre dépoli* qui rendent la lumière diffuse et font disparaître le supplice du point lumineux. Oui, cette chose qui nous paraît si simple, parce qu'elle est aujourd'hui répandue dans le monde entier, ce bienfait vulgaire, avait attendu pendant des siècles le génie de ce chercheur.

Une pareille découverte pouvait enrichir les frères de Girard, mais hélas! — il est banal de le dire, — les inventeurs, distraits par de nouvelles recherches, ne savent presque jamais profiter du succès; il leur suffit de l'obtenir. Philippe de Girard fit, à propos de cette invention, la première expérience de la trahison et de la contrefaçon qui le poursuivirent toute sa vie. Un commissionnaire auvergnat, qu'il avait recueilli, établit dans son grenier une fabrique clandestine de verres dépolis, qu'une condamnation « comme contrefacteur » n'interrompit pas. En 1815, lorsque la Belgique fut détachée de la France, cet honnête industriel y transporta sa fabrication frauduleuse, qui l'enrichit de plusieurs millions!!!

C'est à l'Exposition de l'industrie de 1806 que Philippe de Girard soumit, pour la première fois, ses inventions au public. Il y présentait une lampe hydrostatique dont l'enveloppe, en tôle vernie, était décorée de sujets peints par Ingres, qui devint plus tard l'illustre chef de l'École française. On voit que si Philippe ne pratiquait plus les arts, il en avait au moins conservé le goût.

La lampe hydrostatique, munie de son globe, représentait donc à elle seule trois inventions nouvelles: l'appareil d'éclairage, le verre dépoli, et enfin la *tôle vernie*, qui fut ensuite appliquée à la confection de vases, de plateaux et d'ustensiles vulgairement employés aujourd'hui.

Les frères de Girard exposaient encore une *lunette achromatique* dans laquelle une lentille d'eau remplaçait le flint-glass et un nouveau modèle de *machine à feu*, — c'est ainsi qu'on appelait alors la machine à vapeur. — Les modifications qu'ils avaient apportées à la machine à feu furent plus tard faussement attribuées à l'Américain Evans et à l'Anglais Maudsley, bien que le brevet, pris en 1806, ne laissât aucun doute sur le droit de priorité des ingénieurs français. Ils furent spoliés de la même manière par l'Anglais Masterman pour une *machine à rotation directe et immédiate*, décrite dans le même brevet.

En 1809, les deux frères présentèrent au concours de la Société d'Encouragement de l'industrie une autre *machine à feu* à laquelle ils avaient apporté de nouveaux perfectionnements. Sur le rapport de Prony, le savant le plus compétent de l'époque pour juger des applications industrielles, MM. de Girard obtinrent le grand prix de 6000 francs. La machine leur avait coûté beaucoup plus cher ; qu'importe ! ils étaient alors assez riches pour payer leur gloire.

Jusqu'ici, les inventions de Philippe de

Girard ont prouvé sa science et montré son génie, elles suffiraient à l'illustrer ; mais son plus beau titre de gloire, c'est la création de la *filature mécanique du lin*, devenue l'une des grandes sources de la richesse publique.

Sous le premier empire, la France subissait les conséquences du blocus qu'elle imposait aux autres nations. La prohibition des objets manufacturés et les difficultés de l'approvisionnement des matières premières menaçaient le bien-être de la population, paralysaient l'industrie, ruinaient le commerce.

La prospérité naissante de l'industrie cotonnière, propagée en France par Richard Lenoir, ne pouvait satisfaire aux nécessités de la consommation. Il fallait ajouter à la mise en œuvre du coton, produit exotique qui pouvait devenir plus rare, la mise en œuvre du lin et du chanvre, produits indigènes, dont la culture pouvait être étendue. Le filage à la main, long et dispendieux, ne donnait que des résultats insignifiants. L'intervention des machines dans cette branche de l'industrie nationale était donc la question économique la plus considérable du temps.

Un matin du mois de mai 1810, la famille de Girard était réunie, à l'heure du déjeuner, dans la salle à manger de la maison paternelle à Lourmarin. Henri de Girard parcourait des yeux le *Moniteur*, il y lut un décret impérial qui promettait « *un prix d'un million de francs à l'inventeur, de quelque nation qu'il puisse être, de la meilleure machine propre à filer le lin.* » Le père passa le journal à Philippe, lui montra du doigt le décret inséré à la partie officielle, en disant : « Tiens, voilà qui te regarde. »

Philippe lut et devint songeur. Il eut sans doute comme une révélation, comme une promesse de son génie. Il s'esquiva sans mot dire, erra quelque temps dans le jardin, puis s'enferma pour méditer. Il avait accepté le défi.

Jugeant inutile de rechercher les tentatives déjà faites, il s'interrogea lui-même et résolut de tout tirer de son propre fonds. Il passa la nuit à analyser la plante. En triturant entre ses doig s des tiges de lin détrempées dans l'eau, il détruit l'adhérence des fibres textiles soudées par une gomme résineuse. Le microscope lui montre que les brins, excessivement fins, forment des rubans effilés! Il rapproche ces brins, les mouille, les amincit encore en les étirant, les tord, et obtient un fil très fin et résistant. Le lendemain matin, il se jetait au cou de son père en s'écriant: « Le million est à moi! il est à nous! Il me reste à faire avec une machine ce que je fais avec mes doigts, et la machine est trouvée! »

Trente jours après, le 12 juin 1810, Philippe de Girard adressait au ministère de l'intérieur la demande d'un brevet d'invention, qui lui fut délivré le 18 juillet 1810. Ce fut peut-être la promptitude avec laquelle il avait répondu aux vues de l'em-

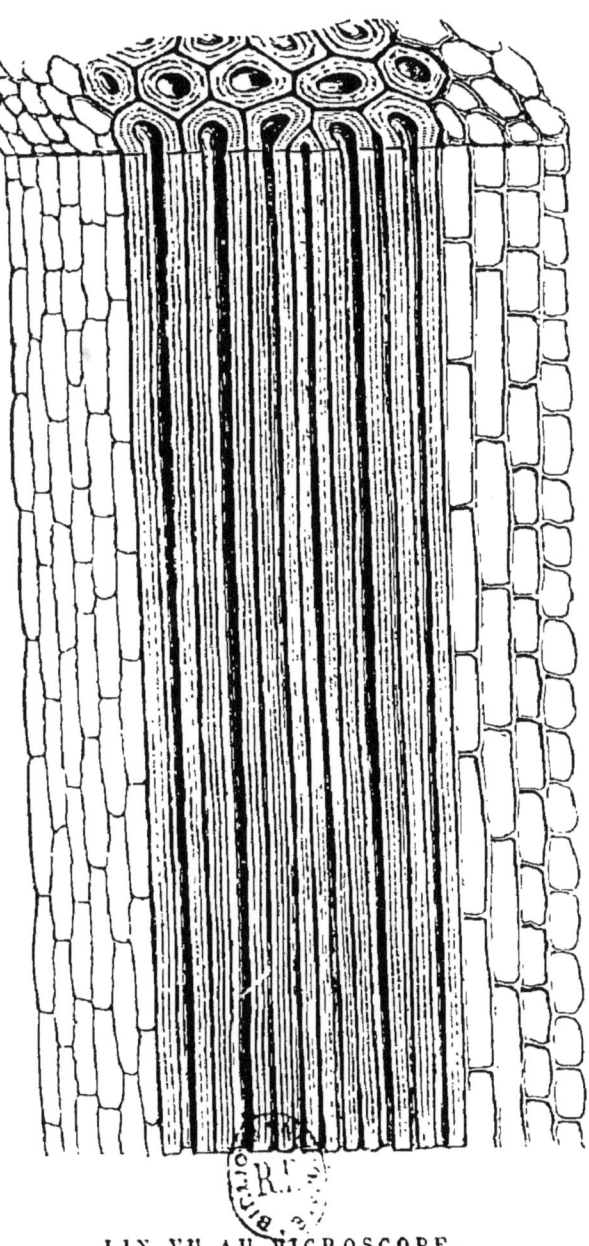

LIN VU AU MICROSCOPE.

***

pereur qui compromit son triomphe. On pensa en haut lieu que le problème ne pouvait être résolu si rapidement, ou bien qu'il était trop facile pour mériter une récompense d'un million. On modifia le programme, en y ajoutant des conditions inadmissibles, et on ajourna la clôture du concours. Ceci prouve une fois de plus qu'on n'est pas prophète dans son pays.

Philippe ne perdit pas courage. Au lieu de se plaindre des exigences outrées du nouveau programme, il entreprend de les surpasser et se prépare à se présenter devant le jury, non plus avec une seule machine, mais avec des *manufactures* fonctionnant au plus grand profit de l'industrie et de la consommation. Pour lui permettre d'atteindre ce but, tous les membres de sa famille engagent leur fortune s'élevant à 700 000 francs environ.

Deux usines importantes furent installées rue Meslay et rue de Charonne. Au mois de mai 1812, des échantillons des produits de ces fabriques étaient présentés à l'empereur par Chaptal. Des ordres furent donnés pour hâter la convocation du jury de concours, mais tout fut retardé et compromis par les conséquences de la désastreuse campagne de Russie. La vente des produits aurait pu permettre à M. de Girard d'attendre sans inquiétude le million réellement gagné, mais la crise commerciale arrêtait toute transaction. La gêne vint, puis la ruine.

La France était menacée; on craignait l'invasion.

Les hommes et les munitions allaient manquer pour la défense du pays. Philippe, plus préoccupé des dangers de la patrie que de la triste situation de ses affaires, invente une *mitrailleuse à vapeur*, pouvant tirer trente coups à la minute. En attendant que la commission nommée par le ministère des guerres émît un avis favorable sur la construction de cet engin, les évènements se précipitaient et les mitrailleuses ne purent être exécutées à temps. Philippe dut se contenter de participer à la défense de Paris, en allant combattre, auprès d'Horace Vernet, à la barrière de Clichy.

La ruine de Philippe de Girard fut achevée par la première chute de l'Empire. Le retour de l'île d'Elbe ne fut qu'une courte trêve et les créanciers, perdant tout espoir, allaient recourir à la contrainte par corps. C'est dans cette situation désespérée que le malheureux inventeur accepta les propositions de l'Autriche et transporta à Vienne l'industrie qui devait enrichir la France après avoir ruiné sa famille.

Philippe obtint un plein succès en Autriche. Les ateliers qu'il dirigeait, installés dans un des domaines impériaux, fournirent des machines aux fabriques de Bohême, de Moravie, de Silésie, de Saxe.

Philippe de Girard perfectionna constamment ses appareils et ses procédés : il améliora le *peignage du lin* et, pour utiliser les déchets sans valeur, il inventa une *machine à peigner les étoupes*.

Tout en s'occupant de la fabrication, il continuait ses recherches sur les machines à vapeur, dont il multipliait la *surface de chauffe* et amoindrissait les *dangers d'explosion*. C'est lui qui imagina les *générateurs à tubes étroits*. On peut justement considérer ces générateurs comme la première application du principe des chaudières tubulaires, qui ont fait la gloire et la fortune de Séguin et de Stephenson. En 1818, il appliquait son système de générateurs au *premier bateau à vapeur qui ait navigué sur le Danube*.

Pendant que la filature mécanique du lin, créée par Philippe de Girard, prospérait en Autriche, comment le créateur était-il apprécié à Paris? Une commission d'experts concluait que ses machines étaient mauvaises *comme mécanique et comme système*. Ces experts étaient-ils de bonne foi? On en peut douter. Les termes de leur

MACHINE A FILER LE LIN.

rapport laissent trop entrevoir la rancune inspirée par la politique contre un noble qui avait déserté la cause royaliste et s'était fourvoyé dans l'industrie.

Ce système de filature mécanique, déclaré défectueux en France, était frauduleusement introduit en Angleterre par deux contre-maîtres de Philippe qui avaient copié ses dessins et ses brevets. Les deux misérables reçurent six cent vingt-cinq mille francs de l'industriel Horace Hall, qui fut considéré dans son pays comme un inventeur de génie, tandis qu'il n'était qu'un habile recéleur. Le brevet qu'il se fit décerner, le 16 mai 1816, était la traduction littérale des brevets français.

Philippe de Girard, plus malheureux de la ruine des siens que de ses propres malheurs, accepta les offres du gouvernement russe, dans l'espérance de pouvoir purger les hypothèques qui grévaient le domaine patrimonial. A cinquante et un ans, en 1826, il fut nommé ingénieur en chef des mines de Pologne. Ainsi, l'Autriche et la Russie surent profiter du génie d'un Français qui ne pouvait rentrer dans son pays où la prison pour dettes l'att endait. Et pourtant! ce Français, méconnu, trahi, persécuté dans son pays, ne consentit à prêter au tzar le serment d'usage qu'en réservant sa nationalité et en gardant, ainsi qu'il l'avait déjà stipulé avec l'Autriche, la libre disposition de ses découvertes.

En octobre 1826, Philippe fut envoyé en Angleterre, par le gouvernement russe, pour y étudier l'exploitation des mines, engager des ouvriers habiles, et faire l'acquisition d'un bon matériel. On s'imagine aisément que les filatures de lin le préoccupèrent avant tout.

Quelles furent sa stupéfaction et sa douleur, en constatant la fraude qui l'avait dépouillé de son invention au profit des fabriques anglaises! Il apprit, de bonne source, qu'un seul filateur avait, en dix ans, grâce à l'invention qui avait ruiné sa famille, réalisé un bénéfice de vingt millions de francs !

L'ostracisme que Philippe de Girard subissait pour cause de génie et qui avait déjà duré dix ans, se prolongea de dix-huit ans encore. Pendant son long séjour en Pologne, il ne cessa de déployer toutes les ressources de son imagination féconde pour doter toutes les branches d'industrie d'inventions et de perfectionnements. Dans une seule mine de zinc, il procura, en deux ans, une économie dépassant en valeur *dix années de son traitement*. En endiguant *le lac Bobrza*, il créa des chutes qui distribuèrent la force motrice à de nombreuses usines et des canaux qui fertilisèrent le pays.

En dehors de ses fonctions d'ingénieur des mines, il trouva moyen de procurer encore de grands avantages à la Pologne, où il introduisit aussi la *filature mécanique du lin*. Autour du premier établissement, installé dans un immense domaine, s'établit une colonie industrielle qui, deux ans après, en 1829, comptait plus de cinq cents familles. Par un sentiment de gratitude plein de délicatesse, le gouvernement russe décerna à ce bourg le nom de Girardow.

Grâce à l'étranger persécuté qu'ils avaient accueilli, les Polonais profitaient de la plus-value que la mise en œuvre donnait à la culture du lin, qu'ils exportaient auparavant, faute de filateurs.

Philippe fonda également, à Girardow, une fabrique de sucre de betteraves, où il introduisit des procédés jusqu'alors inconnus pour *l'extraction*, *l'évaporation* et *le filtrage des jus*.

Il menait de front les grandes opérations et la recherche des problèmes les plus ingénieux. C'est ainsi qu'il inventa un *chronothermomètre* qui indiquait la correspondance des heures et des températures; puis, pour l'observatoire de Varsovie, un *météorographe* qui indiquait, non seulement la température pour chaque heure, mais les variations barométriques et hygrométriques, la quantité de pluie tombée, la direction et la vitesse du vent.

Est-ce tout? Non. Il invente encore sa *machine à confectionner rapidement et économiquement les bois de fusils*, qu'il essaye en vain de faire adopter en France. Il imagine aussi un *grenier mobile*, espèce de noria mue par une roue hydraulique ou par la vapeur qui, en montant et descendant constamment le grain, le remue, le sèche, l'aère, le soustrait à la fermentation, en même temps qu'il le met à l'abri des insectes destructeurs. Conception originale, dont la contrefaçon s'empara encore.

Loin de sa patrie qu'il aimait chèrement et à laquelle son dévouement et son génie eussent été si précieux, loin de sa famille qu'il adorait et qu'il n'avait pu rencontrer qu'à la dérobée, à de rares intervalles, en compromettant sa sécurité et au prix de mille fatigues, il avait trouvé une consolation dans l'affection d'un neveu qu'il avait appelé auprès de lui. Ce jeune homme, qui donnait les plus belles espérances, fut blessé en combattant pour la cause polonaise dans l'insurrection de 1834 et revint mourir en France. Ce fut un coup terrible pour Philippe. Tous les malheurs fondaient donc sur lui !

Pendant les premières années de la monarchie de Juillet, l'industrie linière de la France, ne pouvant plus faire concurrence aux fabriques anglaises, voulut lutter avec elles en leur empruntant leurs propres armes, c'est-à-dire en se servant des mêmes machines et des mêmes procédés. Comme le gouvernement anglais interdisait l'exportation de ces machines, les industriels français se crurent fort habiles en s'emparant par la ruse des procédés inventés naguère par un Français pour la France et dont la France n'avait pas voulu. Nous ne faisions que reprendre notre bien et pourtant, chose curieuse ! il fut démontré, dans la presse et dans les hautes régions administratives, que la filature mécanique du lin était bien d'origine anglaise, qu'elle appartenait bien aux Anglais, mais qu'il n'était pas interdit aux Français de frustrer leurs voisins d'un bien dont l'industrie générale pouvait profiter !

On a grand'peine à concevoir la légèreté et l'ignorance des économistes qui, sans étudier les questions, sans consulter les brevets pris par Philippe de Girard, ont fait admettre dans le monde industriel et dans le monde officiel qu'en cette circonstance la France était la spoliatrice.

Cet état de choses plongea Philippe de Girard dans le plus profond chagrin. C'étaient donc ses concitoyens qui, après lui avoir refusé la récompense promise et gagnée, lui enlevaient jusqu'à la gloire d'une découverte qu'il avait payée au prix de sa fortune et de sa liberté ! Il ne pouvait permettre qu'on achevât de le dépouiller ainsi. En 1840, il adressa, de Varsovie, au roi, aux ministres et aux Chambres, un mémoire éloquent dans lequel il démontrait triomphalement que la priorité de l'invention lui appartenait.

La Société d'Encouragement pour l'industrie ouvrit enfin les yeux et décerna une médaille d'or à l'inventeur méconnu. En dépit de la vérité démontrée, l'administration se tint encore sur la réserve.

Pour hâter sa réhabilitation, il fallait que Philippe de Girard revînt en France. Mais les souffrances de la nostalgie et les maux qu'amène un climat rigoureux avaient profondément altéré sa santé. Sur la promesse de François Arago qui s'engageait à être « son œil pour voir et son bâton pour marcher », Mme de Vernède, fille de Frédéric de Girard, alla chercher son oncle vénéré à Varsovie et le ramena dans sa patrie après vingt-neuf années d'exil. Vingt-neuf années d'*exil* en punition de son génie et de son dévouement!

L'exposition de l'industrie de 1844 fut

pour Philippe de Girard une réhabilitation glorieuse, un véritable triomphe. Il y était représenté par les inventions les plus importantes appliquées à l'éclairage, à la météorologie, aux mathématiques, à l'agriculture, à la presse, aux arts, à la fabrication du sucre, aux machines à vapeur, à l'industrie linière. Cette dernière partie de son exposition fut surtout appréciée et admirée. Ce fut désormais un fait bien établi *que la filature mécanique du lin était due à l'initiative de Philippe de Girard.*

Le bruit glorieux qui se faisait autour de son nom devait lui être funeste. Le possesseur d'une immense créance datant de 1814 fit saisir les machines, appareils et instruments exposés. Philippe de Girard fut obligé de se cacher hors de Paris, jusqu'au jour de son soixante-dixième anniversaire, qui le mettait enfin à l'abri de la contrainte par corps.

Cette menace d'exécution d'un jugement remontant à trente ans eut du moins l'avantage de rappeler que Philippe n'avait quitté la France que pour fuir la prison pour dettes, et qu'il n'avait pas été, de gaieté de cœur, et dans un but d'intérêt personnel, livrer son admirable invention aux nations étrangères.

Philippe de Girard avait enfin gagné sa cause au tribunal de l'opinion publique, mais c'était encore en vain qu'on demandait que justice lui fût rendue. Non seulement le fameux million qu'il avait si bien gagné ne lui fût pas restitué, mais on ne lui accorda pas même une pension pour l'aider à vivre, mais le ministre du commerce refusa, à trois reprises, de le nommer chevalier de la Légion d'honneur! Ce ministre, intelligent et équitable, déclarait que ce vieillard de soixante-dix ans, qui comptait plus d'inventions que d'années, qui avait doté le monde d'une des plus utiles industries, « *n'avait pas encore mérité la croix* »!

La mort n'a pas attendu que le gouvernement reconnût la grandeur d'un génie qui éclatait aux yeux de tous ; ce fut elle qui se chargea de le faire triompher. Les plus grands honneurs furent rendus à l'illustre défunt par le monde industriel, par le monde savant, par la presse entière. Arago écrivait : « La France vient de faire une perte immense ! c'est un maréchal de l'industrie qui est mort sur la brèche ! »

Une foule émue, où se mêlaient les célébrités et les ouvriers, assista aux funérailles de ce martyr du génie. On raconte que deux prêtres, passant près du cortège recueilli et apprenant à quel homme on rendait les honneurs funèbres, suivirent le convoi de ce digne protestant, qu'ils accompagnèrent jusqu'au cimetière.

Les restes de Philippe de Girard furent dans la suite transférés, suivant sa volonté, au village de Lourmarin, où il était né.

Si quelque chose peut nous consoler des rahisons et de l'ingratitude dont cet homme de génie a été victime, c'est l'admiration et la reconnaissance qu'inspirent universellement aujourd'hui son beau caractère et ses admirables travaux.

FIN

BOURLOTON. — Imprimeries réunies, **B**.

BIOGRAPHIES D'HOMMES ILLUSTRES

CHAQUE VOL. : Broché............ fr. c.
— Couverture en couleurs. 25 c.

Alexandre le Grand
Ampère.
Arago.
Beethoven.
Buffon.
Cavour.
César (Jules).
Charles XII.
Christophe Colomb.
Cook.
Cuvier.
Dante.
Daubenton.
De l'Orme (Philib.).
Desaix.
Franklin.
Galilée.
Gama (Vasco de).
Gœthe.
Goujon (Jean).
Gutenberg.
Kléber.
La Fontaine.

La Pérouse.
Lavoisier.
Livingstone.
Louvois.
Magellan.
Mahomet.
Michel-Ange.
Mirabeau.
Montyon.
Mozart.
Napoléon Ier.
Necker.
Oberlin.
Palissy (Bernard).
Papin.
Philippe de Girard.
Puget (Pierre).
Serres (Olivier de).
Solon.
Stephenson.
Washington.
Watt.

imp. réunies, B

www.ingramcontent.com/pod-product-compliance
Lightning Source LLC
Chambersburg PA
CBHW061010050426
42453CB00009B/1365